Sachrechnen und Größen

Erarbeitet von

Judith Beerbaum, Anja Göttlicher,
Sarah Pfleger, Britta Wettels
und Stephanie Zippel

in Zusammenarbeit mit der
Westermann-Grundschulredaktion

Unter Beratung von

Henrieke Peter, Debbie Stier,
Jutta Telschow und Britta Wagenhuber

Illustriert von

Angelika Citak und Karoline Kehr

Flex und Flo
Mathematik

Zeichenerklärung

 Male/Zeichne mit der entsprechenden Farbe.

 Streiche durch, was nicht passt.

 Ordne zu.

 Kreise ein.

 Kreuze an.

 Benutze Material.

 Bearbeite die Aufgabe in Partnerarbeit.

 Hier steht ein neues Fachwort.

 Hier steht ein neues Fachwort oder ein neues Beispiel, wie du über Mathematik sprechen kannst.

 Verweis auf passenden Diagnosetest im Flex und Flo Diagnoseheft 1 (Ausgabe 2021)

 Verweis auf passende herausfordernde Aufgaben in der Flex und Flo Entdeckerkartei 1 (Ausgabe 2021)

 Verweis auf passende Übungen auf den angegebenen Seiten im Flex und Flo Trainingsheft Interaktiv 1 (Ausgabe 2021)

 Aufgabe aus dem Anforderungsbereich I
Reproduzieren: erfordert Grundwissen und das Ausführen von Routinetätigkeiten

 Aufgabe aus dem Anforderungsbereich II
Zusammenhänge herstellen: erfordert das Erkennen und Nutzen von Zusammenhängen

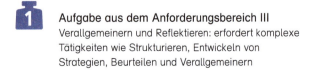 Aufgabe aus dem Anforderungsbereich III
Verallgemeinern und Reflektieren: erfordert komplexe Tätigkeiten wie Strukturieren, Entwickeln von Strategien, Beurteilen und Verallgemeinern

 Einführung von Fachwörtern oder Redemitteln
Eine Sammlung der im Heft eingeführten Fachwörter und Redemittel zum Nachschlagen findet sich auf der letzten Doppelseite und der Beilage „Fachwörter und Redemittel 1".

 Medienbildung und Mathematiklernen verbinden
Anregung zur Bearbeitung mathematischer Lerninhalte mit digitalen Werkzeugen

 Tipp zur Verknüpfung der Themenhefte

Inhaltsverzeichnis

Unser Geld – Euro und Cent 4–5
Unser Geld – Bis 10 Euro 6
Unser Geld – Euro 7
Unser Geld – Bis 20 Cent 8–9
Unser Geld – Bis 20 Euro 10–11
Rechnen mit Geld 12   **S1**

Zum Knobeln 13
Einkaufen – Bezahlen 14
Geld zurück 15
Einkaufen 16   **S2**

Zeit 17–20
Zeit – Wochen und Tage 21
Zeit – Das Jahr 22–23   **S3**

Sachrechnen 24
Sachrechnen – Fragen stellen 25
Sachrechnen – Bild und Aufgabe 26
Bild, Text und Aufgabe 27
Am Strand 28–29   **S4**

Daten und Zufall – Schulfest 30–31   **S5**

Entdecken und knobeln 32–33

Fachwörter und Redemittel 34–35

Unser Geld – Euro und Cent

Datum: _____

1 Acht Münzen und sechs Scheine! Welche kennst du? Male.

1 €

2

| € | | | | | | | | | | | | | € |

Münze   Schein   € Euro   ct Cent

1 Über das Bild sprechen, an Vorkenntnisse anknüpfen. Münzen und Scheine malen.
2 Euro-Zeichen schreiben.
➡ Vorherige Bearbeitung Themenheft Rechnen bis 10 bis S. 57 empfohlen.

Unser Geld – Euro und Cent

Datum: _____

1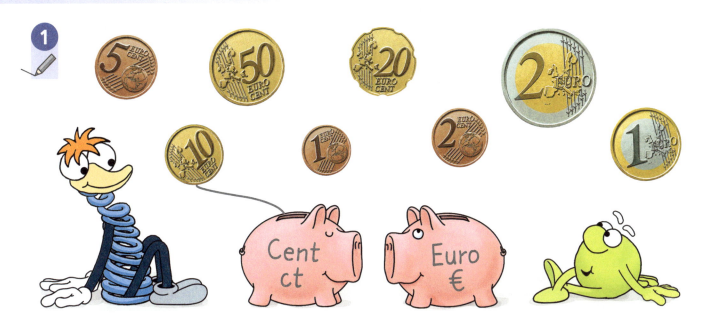

2

_5_ €   ____ €   ____ €

____ €   ____ €   ____ €

 ist **weniger** als    ist **mehr** als

3 Was stimmt?

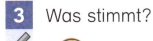 ist weniger als ☐    ☐

 ☐   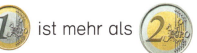 ☐

4  ist weniger als ☐   ist mehr als ☐

 ist weniger als ☐   ist mehr als ☐

1–4 Rechengeld benutzen.
1 Münzen sortieren.

Unser Geld – Bis 10 Euro

Datum: _____

____ € ____ €

____ € ____ € ____ €

2 Wie viel Euro sind es?

____ € ____ € ____ €

3 Immer 10 Euro.

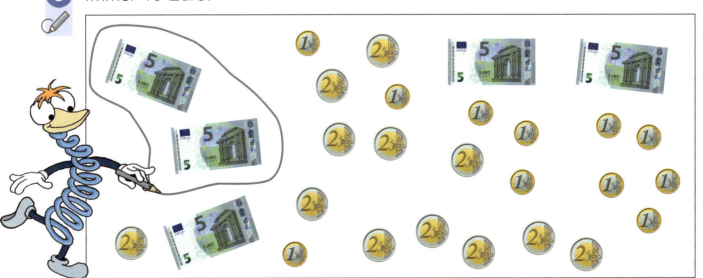

Unser Geld – Euro

Datum: _____

1 Wie kannst du bezahlen? Lege, dann male.

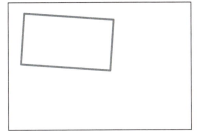  

2 Lege, dann male.

9 €   9 €   9 €

3 Lege, dann male.

11 €   11 €   11 €

4 Welche Münzen und Scheine sind es? Lege, dann male.

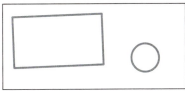 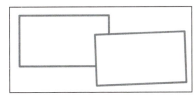 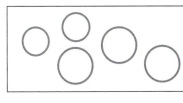

6 €   10 €   8 €

1–4 Mit Rechengeld legen, dann Münzen und Scheine malen.

Unser Geld – Bis 20 Cent

Datum: _____

1 Wie viel Cent sind es?

_14_ ct

____ ct

____ ct

____ ct

____ ct

____ ct

2

____ ct

____ ct

____ ct

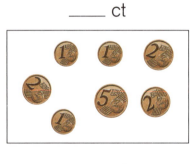

____ ct

____ ct

____ ct

3 Immer 20 Cent.

1, 2 Lösungszahlen auf den Sparschweinen durchstreichen.
➡ Vorherige Bearbeitung Themenheft Rechnen bis 20 bis S. 21 empfohlen.

Unser Geld – Bis 20 Cent

Datum: _____

1 Lege, dann male.

12 ct

17 ct

15 ct

2 Lege, dann male.

20 ct

20 ct

20 ct

3 Welche Münzen sind es? Lege, dann male.

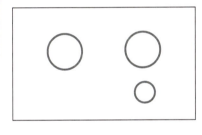
11 ct

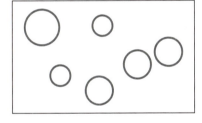
13 ct

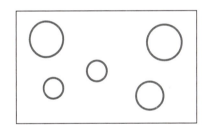
14 ct

4 Welche Münzen fehlen? Lege, dann male.

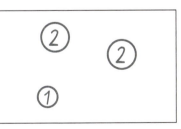
15 ct

18 ct

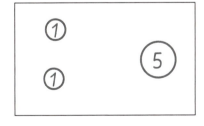
19 ct

5 Immer drei Münzen.

3 ct   6 ct   11 ct   12 ct   14 ct   20 ct

1–4 Mit Rechengeld legen und Münzen malen.
5 Mit Rechengeld legen.

Unser Geld – Bis 20 Euro

Datum: _____

1 Wie viel Euro sind es?

____ €   ____ €   ____ €

____ €   ____ €   ____ €

____ €   ____ €   ____ €

2 Setze ein: <, >, =.

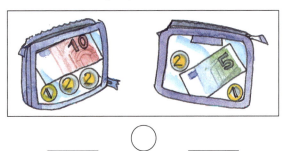 

____ ◯ ____   ____ ◯ ____

Unser Geld – Bis 20 Euro

Datum: _____

1 Wie kannst du bezahlen? Lege, dann male.

2 Lege, dann male.

20 €   20 €   20 €

3 Welche Scheine und Münzen sind es?

 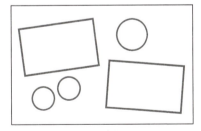 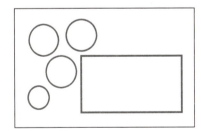

12 €   14 €   17 €

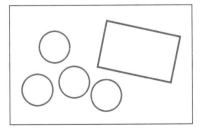 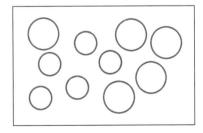 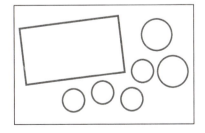

13 €   15 €   18 €

1–3 Mit Rechengeld legen, dann Scheine und Münzen malen.

Rechnen mit Geld

Datum: _____

1
10 € + 3 € = ___ €   14 € + 5 € = ___ €   11 € + 6 € = ___ €
10 € + 7 € = ___ €   13 € + 6 € = ___ €   18 € + 2 € = ___ €
10 € + 2 € = ___ €   16 € + 3 € = ___ €   12 € + 4 € = ___ €

2
20 € − 6 € = ___ €   15 € − 4 € = ___ €   17 € − 7 € = ___ €
20 € − 10 € = ___ €   17 € − 5 € = ___ €   16 € − 2 € = ___ €
20 € − 4 € = ___ €   19 € − 8 € = ___ €   18 € − 10 € = ___ €

3
12 € + ___ € = 15 €   13 € + ___ € = 20 €
11 € + ___ € = 16 €   16 € + ___ € = 20 €
14 € + ___ € = 19 €   7 € + ___ € = 20 €

4
17 € − ___ € = 12 €   20 € − ___ € = 10 €
19 € − ___ € = 16 €   20 € − ___ € = 12 €
15 € − ___ € = 11 €   20 € − ___ € = 9 €

5
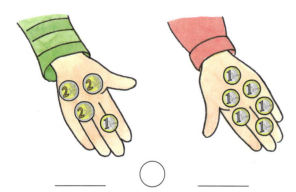

___ ◯ ___

8 € < 9 €   14 ct ◯ 12 ct
12 € ◯ 11 €   9 ct ◯ 19 ct
14 € ◯ 17 €   12 ct ◯ 16 ct
17 € ◯ 19 €   7 ct ◯ 5 ct
15 € ◯ 16 €   10 ct ◯ 20 ct

Zum Knobeln

Datum: _____

1 Immer zwei Münzen. Male.

㉛ ①	○ ○
2 ct	3 ct

_____ _____ _____ _____
4 ct   6 ct   ___ ct   ___ ct

_____ _____ _____ _____
___ ct   ___ ct   ___ ct   ___ ct

2 Immer zwei Münzen.

⑳ ①	○ ○	
21 ct	___ ct	___ ct

_____ _____ _____ _____
___ ct   ___ ct   ___ ct   ___ ct

_____ _____ _____ _____
___ ct   ___ ct   ___ ct   ___ ct

_____ _____ _____ _____
___ ct   ___ ct   ___ ct   ___ ct

Vorherige Bearbeitung Themenheft Rechnen bis 20 bis S. 34 empfohlen.

Einkaufen – Bezahlen

Datum: _____

1

Karima kauft	Tim kauft	Samet kauft

2 € + 3 € = _____	_____	_____
Karima muss _____ bezahlen.	Tim muss _____ bezahlen.	Samet muss _____ bezahlen.

2

Aishe kauft	Robin kauft	Anna kauft

_____	_____	_____
Aishe muss _____ bezahlen.	Robin muss _____ bezahlen.	Anna muss _____ bezahlen.

3 Was willst du kaufen?

_____	_____
Ich muss _____ bezahlen.	Ich muss _____ bezahlen.

3 Eigene Aufgaben finden.

Geld zurück

Datum: _____

1

Selin hat	Selin kauft	Zurück	Lukas hat	Lukas kauft	Zurück
10 €	Federmäppchen 8 €	◯ ◯	5 €	Schere	___
Max hat	Max kauft	Zurück	Kira hat	Kira kauft	Zurück
20 €	Rucksack	___	5 € + 5 €	Buch "Tiere"	___
Leon hat	Leon kauft	Zurück	Mateo hat	Mateo kauft	Zurück
2€ 2€ 2€ 2€	Buch "Katzen"	___	5 € + 2 €	Teddy	___

2

Paul hat	Paul kauft	Zurück	Lena hat	Lena kauft	Zurück
10 €	Malbuch + Stifte	___	5€ 5€ 5€ 2€	Rucksack + Buch "Katzen"	___

3

Du hast	Du kaufst	Zurück

3 Eigene Aufgabe finden. Rechengeschichte dem Partnerkind erzählen.

Einkaufen

Datum: _____

1 Tim kauft — Tim bezahlt

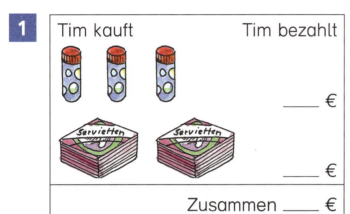

____ €

____ €

Zusammen ____ €

Nina kauft — Nina bezahlt

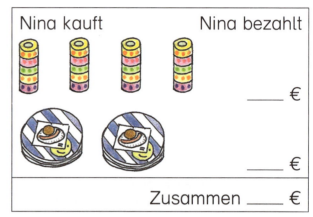

____ €

____ €

Zusammen ____ €

2 Sarah kauft — Sarah bezahlt

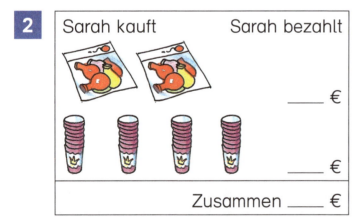

____ €

____ €

Zusammen ____ €

Kaan kauft — Kaan bezahlt

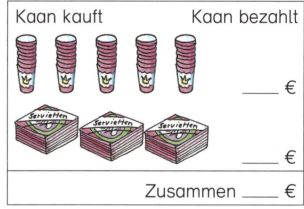

____ €

____ €

Zusammen ____ €

3 Tina und Ben kaufen ein. Berechne die Preise.

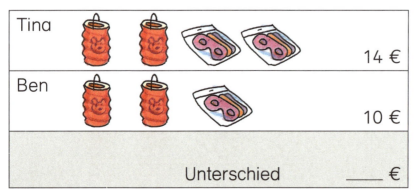

Tina ... 14 €

Ben ... 10 €

Unterschied ____ €

kostet ____ €

kostet ____ €

Zeit

Datum: _____

 1 Welche Uhren und Uhrzeiten kennst du? Male oder schreibe.

1 Über das Bild sprechen, an Vorkenntnisse anknüpfen.
Fotografie: Verschiedene Uhren fotografieren und präsentieren.
Vorherige Bearbeitung Themenheft Rechnen bis 20 bis S. 49 empfohlen.

Zeit

Datum: _____

1

13 Uhr

____ Uhr

____ Uhr

____ Uhr

____ Uhr

____ Uhr

Ein Tag hat 24 Stunden.

2

1 Uhr   ____ Uhr   ____ Uhr   ____ Uhr   ____ Uhr

13 Uhr   ____ Uhr   ____ Uhr   ____ Uhr   ____ Uhr

____ Uhr   ____ Uhr   ____ Uhr   ____ Uhr   ____ Uhr

____ Uhr   ____ Uhr   ____ Uhr   ____ Uhr   ____ Uhr

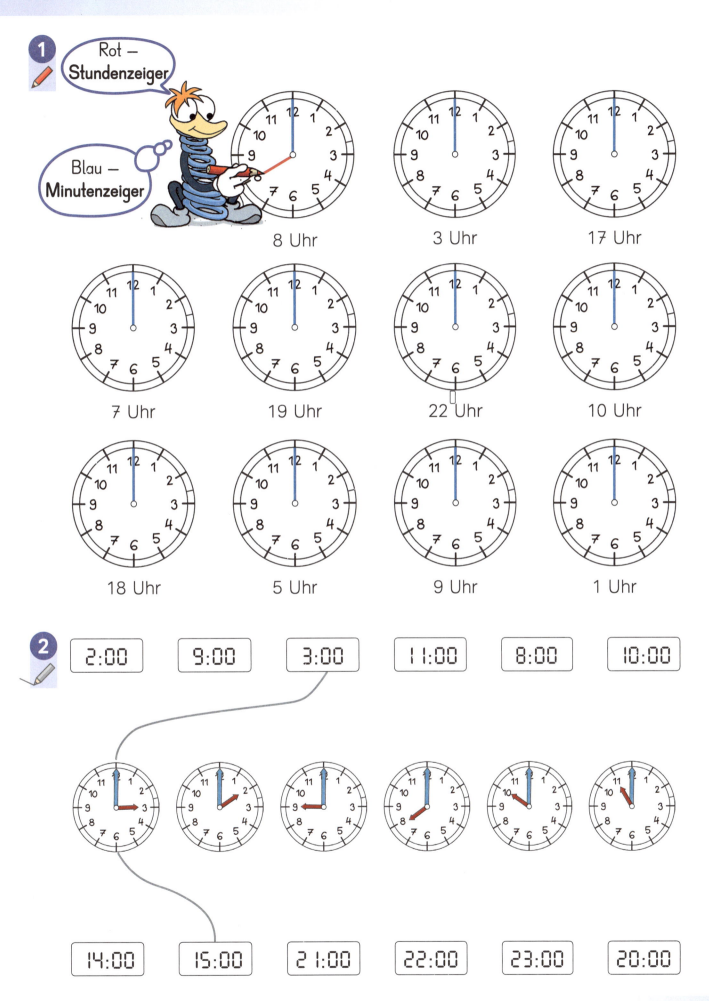

Zeit

Datum: _____

1 Trage die Uhrzeiten ein und ordne die Bilder.

__7__ Uhr ____ Uhr ____ Uhr

____ Uhr ____ Uhr ____ Uhr

____ Uhr ____ Uhr ____ Uhr

2 Wann ist es? Verbinde.

| 0:00 | 12:00 | 16:00 | 10:00 | 7:00 | 18:00 |

| vormittags | nachts | mittags | abends | morgens | nachmittags |

Zeit – Wochen und Tage

Datum: _____

Der Stundenplan von Flex und Flo

	Montag	Dienstag	Mittwoch	Donnerstag	Freitag
1. Stunde	1+1	👓	♪	👓	👓
2. Stunde	👓	1+1	👓	1+1	🏀
3. Stunde	⛪	🖌	1+1	🖌	1+1
4. Stunde	🏀	🦔🌳💡	🏀	🦔🌳💡	⛪
5. Stunde					

Samstag und **Sonntag** frei

1 Schreibe die Tage auf.

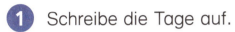 _____

 _____

 _____

 _____

 _____

2 Welcher Tag ist es?

Der Tag nach Freitag   Der Tag vor Montag   Der Tag nach Montag

_____   _____   _____

3

gestern	heute	morgen
	Mittwoch	
	Freitag	
	Sonntag	
	Dienstag	

4 Welcher Tag ist es?

Heute ist   In 3 Tagen ist   In 7 Tagen ist

_____   _____   _____

Textverarbeitung: Eigenen Stundenplan schreiben, Abkürzungen nutzen
(Vorlage in der BiBox für Lehrer-/innen).

S. 69

Zeit – Das Jahr

1 Schreibe die Monate auf.

1. Januar
2. _____
3. _____

Datum: _____

1 Wie heißt der Monat nach:

Januar _____ März _____

Oktober _____ Mai _____

Dezember _____ Juli _____

Februar _____ August _____

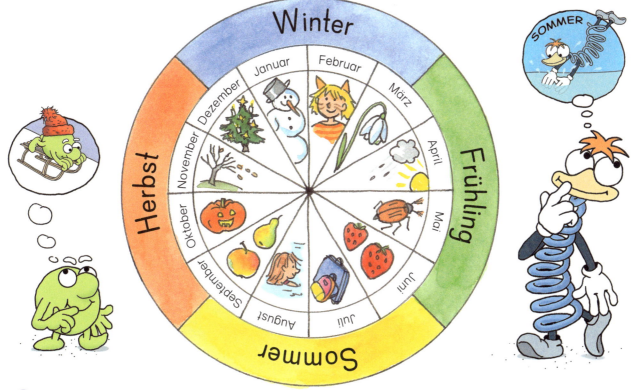

2 In welchem Monat beginnt der:

Sommer _____ Herbst _____

Winter _____ Frühling _____

3 In welcher Jahreszeit liegen die Monate?

Januar _____ Mai _____

Oktober _____ August _____

Februar _____ April _____

Juli _____ November _____

Sachrechnen

Datum: _____

 1 Du gehst mit drei Freunden zum Baden. Was braucht ihr?
Male, schreibe oder rechne.

24

1 Über das Bild sprechen, Alltagssituationen mathematisieren.
Vorherige Bearbeitung Themenheft Rechnen bis 20 bis S. 55 empfohlen.

Sachrechnen – Fragen stellen

Datum: _____

 1 Welche Fragen könnt ihr beantworten? Malt sie an.

| Wie viele Kinder warten am Eisstand? |

| Wie spät ist es? | | Wie viel Geld muss der Junge bezahlen? |

| Wie alt ist der Bademeister? | | Wie heißt die Eisverkäuferin? |

| Wie viele Kinder haben Durst? | | Wie teuer ist eine Kugel Eis? |

 2 Findet eigene Fragen zum Bild. Schreibt sie auf.

_____

_____

_____

_____

1 Abwechselnd Fragen stellen, das Partnerkind antwortet.

Sachrechnen – Bild und Aufgabe

Datum: _____

 1 Was gehört zusammen? Verbinde und rechne.

7 − 2 = ____

10 − 3 = ____

7 + 2 = ____

14 − 6 = ____

14 − 4 = ____

9 + 4 = ____

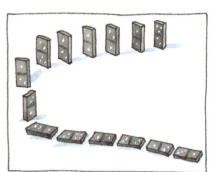

10 − 3 = ____

10 − 7 = ____

10 − 2 = ____

9 + 3 = ____

3 + 9 = ____

9 − 3 = ____

12 − 8 = ____

8 + 4 = ____

12 − 4 = ____

1 Eine Aufgabe bleibt immer übrig.
Videoaufnahme/Fotografie: Sachsituationen zu vorgegebenen Aufgaben wie 10 + 3 szenisch darstellen und filmen oder zeichnerisch darstellen und fotografieren, präsentieren und sich über enthaltene Aufgabe austauschen.

Bild, Text und Aufgabe

Datum: _____

1 Was gehört zusammen? Male mit gleicher Farbe an.

○ Tim hat Geburtstag.
Er hatte 20 Lutscher,
5 sind noch übrig.

○ Die Lehrerin hat 14 Bücher eingesammelt.
Tom gibt ihr noch 3 Bücher.

○ 14 + 3 = _____

○ 11 − 3 = _____

○ 13 + 2 = _____

○ 20 − 5 = _____

○ Mark und Lena räumen die Pinsel auf.
2 liegen noch auf dem Tisch.

○ In der Pausenkiste waren 11 Seile.
3 Seile holen sich die Kinder.

Am Strand

1 _3_ Drachen fliegen schon, ___ Drachen kommen dazu.
_3_ + ___ = ___

2 ___ Möwen saßen auf dem Strandkorb, ___ Möwe fliegt weg.
___ – ___ = ___

3 ___ spielen Ball, ___ schauen zu.
_____

4 ___ Burgen waren fertig. ___ Burgen werden weggespült.
_____

5 ___ Kinder waren im Wasser, nun gehen ___ Kinder raus.
_____

6 Auf der Rutsche sind ___ Kinder, ___ Kinder warten.
_____

7 2 Kinder haben Muscheln gesammelt. Jedes Kind hat ___ Muscheln. Wie viele Muscheln sind es?
_____

Datum: _____

1 Yara kauft eine Bratwurst und ein Eis. Wie viel Geld muss Yara bezahlen?

_____

2 Tim kauft 2 Bratwürste. Wie viel Geld hat Tim dann noch?

_____

3 Familie Nowak will eine Wattwanderung machen. Wie viel Euro muss sie bezahlen?

_____

4 Frau Lau möchte einen Strandkorb für 3 Tage mieten.
Wie viel Euro muss sie bezahlen?

_____

5 Herr Akar bezahlte am Kiosk 6 €. Was hat er wohl gekauft?

_____

_____

6 Finde eine eigene Rechengeschichte im Bild.
Erzähle sie deinem Partnerkind und schreibe sie auf.

_____

_____

_____

Daten und Zufall – Schulfest

Datum: _____

1 Drei Eissorten. Zwei Kugeln Eis. Malt die Kugeln.

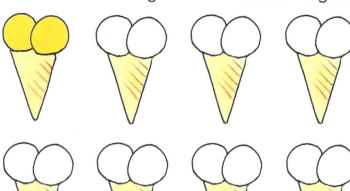

2 Vier Eissorten. Es gibt auch noch grünes Waldmeistereis. Malt die Kugeln.

3 Torwandschießen. Wie können sich die Kinder hintereinander aufstellen?

Silas   Max   Kira

Silas   Silas   _____
Max   Kira   _____
Kira   _____   _____

_____   _____   _____
_____   _____   _____
_____   _____   _____

Vorherige Bearbeitung Themenheft Rechnen bis 20 bis S. 61 empfohlen.

Daten und Zufall – Schulfest

Datum: _____

1

Tragt die Ergebnisse in ein Streifenbild ein.
Zeichnet für jedes Ergebnis ein Kästchen.

rot
blau
grün

rot
11 Kästchen im **Streifenbild**

2

Gewinnliste		Ergebnisse	
Hauptgewinn	⚅	⚅	ЖЖ I
		⚄	ЖЖ
Kleingewinn Ungerade Zahlen	⚀ ⚂ ⚄	⚃	ЖЖ II
		⚂	IIII
Kein Gewinn	⚁ ⚃	⚁	ЖЖ I
		⚀	ЖЖ

Wie viele Hauptgewinne gab es? Wie viele Kleingewinne gab es?

Hauptgewinne: _____   Kleingewinne: _____   Keine Gewinne: _____

Würfelt noch zehnmal.
Tragt die Ergebnisse
mit in die Tabelle ein.
Zeichnet das
Streifenbild.

4 Sara hat zwei Euro mehr als Amir.

5 Jeden Tag zwei Euro mehr.

Nach einer Woche hat Ben ____ Euro.

6 Acht Möglichkeiten

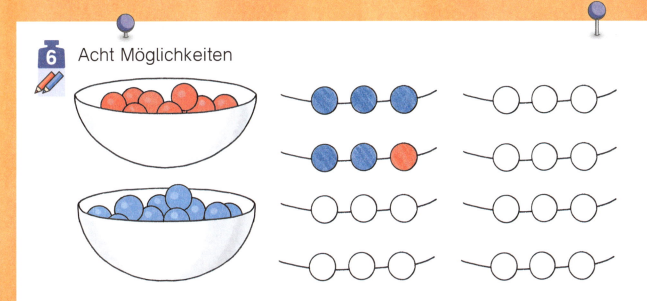

Fachwörter und Redemittel

Geld – Euro und Cent

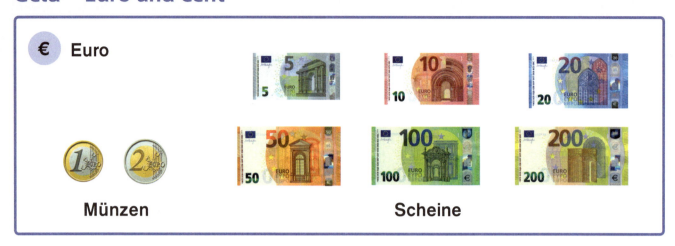

Zeit – Die Uhr

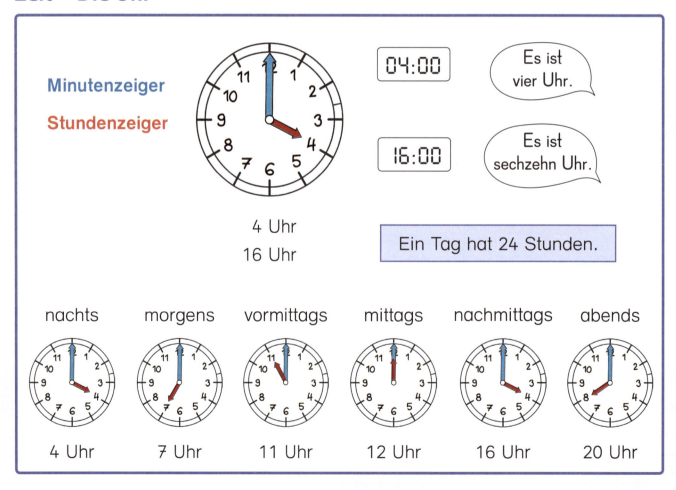

Zeit – Die Woche

Zeit – Das Jahr

Daten und Zufall

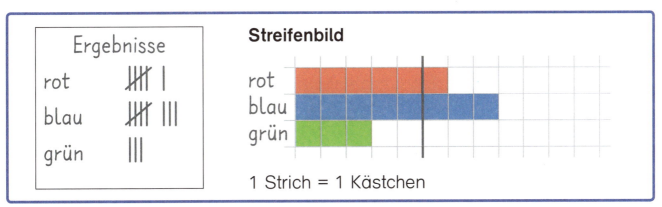

Flex und Flo für das 1. Schuljahr

MATERIALIEN FÜR SCHÜLERINNEN UND SCHÜLER

Rechnen bis 10 978-3-14-118051-0
Rechnen bis 20 978-3-14-118052-7
Geometrie 1 978-3-14-118053-4
Sachrechnen und Größen 1 978-3-14-118054-1

Lernpaket 1
4 Themenhefte + Beilagen 978-3-14-118055-8
Bibox für Schüler/-innen WEB-14-118081

ZUSATZMATERIALIEN
Trainingsheft 1 978-3-14-118068-8
Trainingsheft Interaktiv 1 .... WEB-14-118095

Themenhefte inklusiv A
Zahlen bis 10 (A) 978-3-14-118407-5
Rechnen bis 10 (A) 978-3-14-118408-2
Geometrie (A) 978-3-14-118409-9
Sachrechnen und Größen (A) 978-3-14-118410-5

Lernpaket inklusiv A
4 Themenhefte + Beilagen 978-3-14-118406-8

MATERIALIEN FÜR LEHRERINNEN UND LEHRER

Handreichung 1 978-3-14-118057-2
BiBox für Lehrer/-innen 1, *Einzellizenz* WEB-14-118082
                Kollegiumslizenz WEB-14-118084
Kopiervorlagen 1 978-3-14-118059-6
Förder-Kopiervorlagen 1 978-3-14-118061-9
Forder-Kopiervorlagen 1 978-3-14-118063-3
Lernwege-Karten 1 978-3-14-118066-4
Diagnoseheft 1 978-3-14-118056-5
Entdeckerkartei 1 978-3-14-118067-1